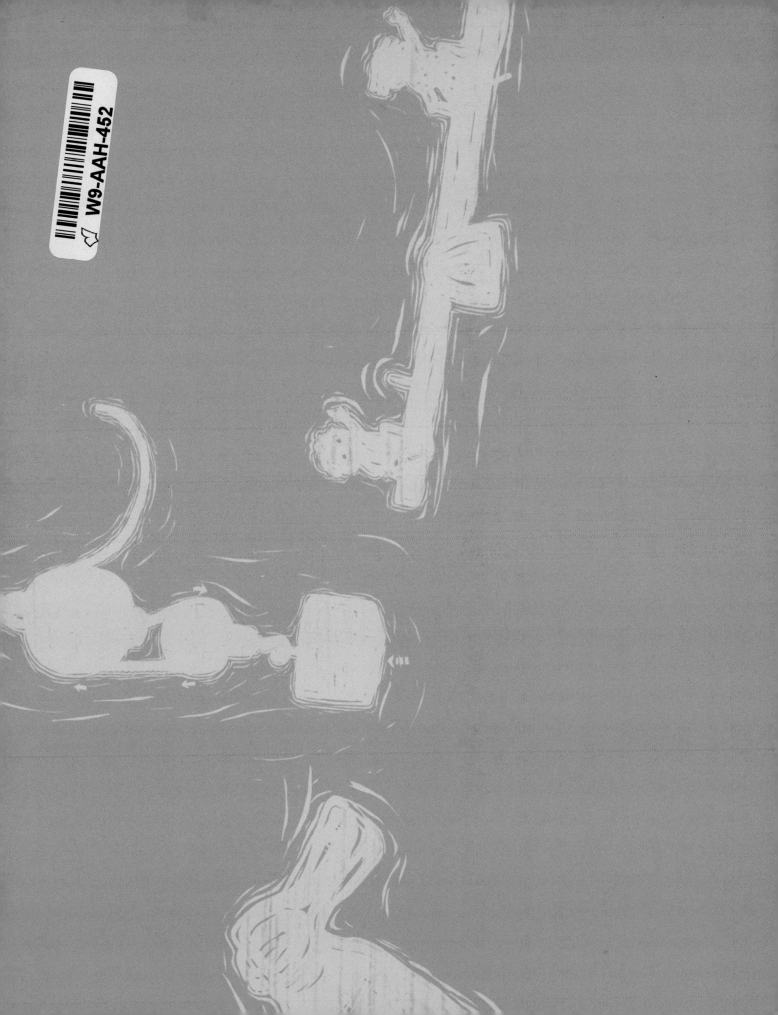

click
click

Ciencia básica

loqueleo

Autora: Hee-Ju Lee
Ilustradora: Eun-Hui Kim

Construyamos una pirámide:
Las máquinas simples

¡Hay que mover esta roca!

¡Oh, no! Una enorme roca bloquea la entrada a la cueva.

¿Cómo podremos mover esta enorme roca?

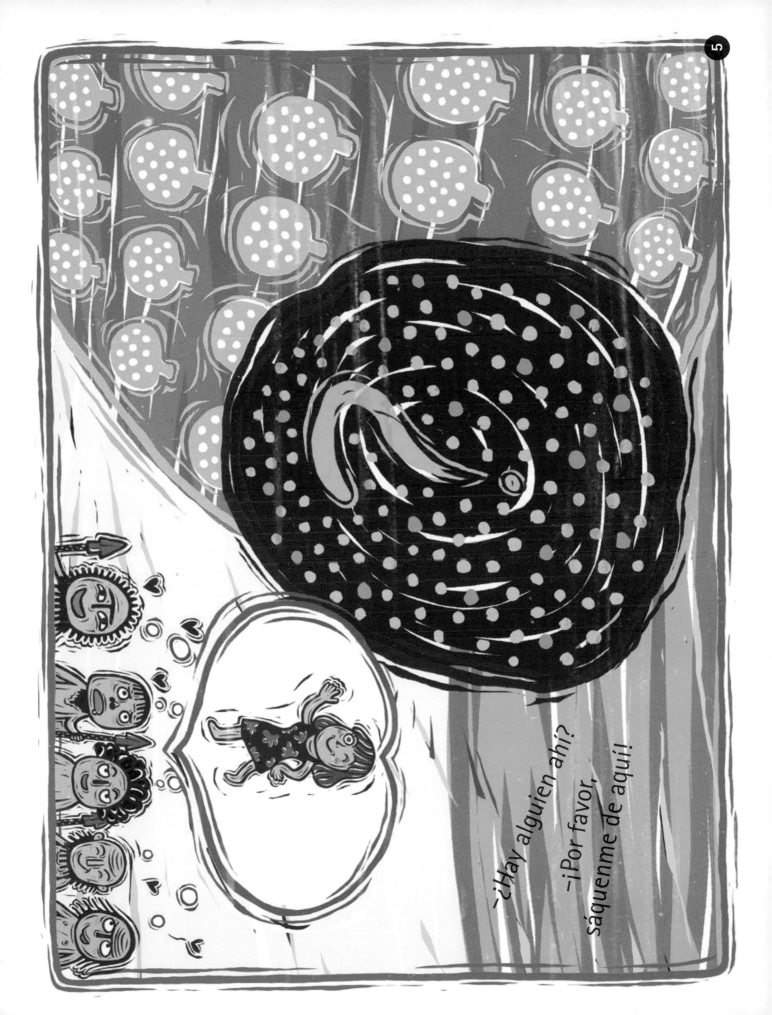

—¡Abracadabra!
—¡Ábrete, sésamo! ¡Ni siquiera con ayuda de las palabras mágicas se puede mover esta roca!

Y ahora, ¿qué hacemos? —
¡La roca aún no se mueve!

¡Ya sé!

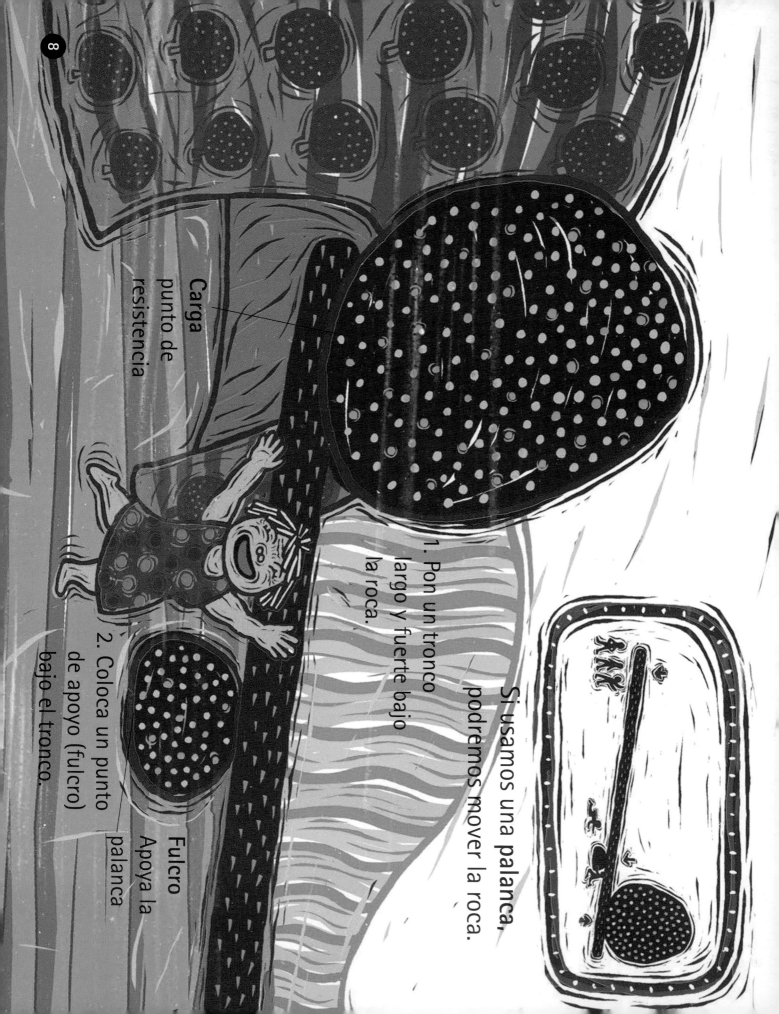

Si usamos una palanca, podremos mover la roca.

1. Pon un tronco largo y fuerte bajo la roca.

2. Coloca un punto de apoyo (fulcro) bajo el tronco.

Carga
punto de
resistencia

Fulcro
Apoya la
palanca

Vean: levantamos la roca con la palanca.

3. Todos sobre el tronco, empujen hacia abajo.

Esfuerzo
Punto del esfuerzo

Con una palanca puedes mover un gran peso sin mucho esfuerzo.

Principios de la palanca:

Las palancas necesitan un *fulcro*, es decir, un punto de apoyo.

También se necesita una fuerza para levantar la carga. A esto se le llama *esfuerzo*. La *carga* es la resistencia al movimiento contra la que trabaja la palanca. Estos tres puntos actúan juntos para producir una gran fuerza. Cuanto más alejado del fulcro esté el punto de esfuerzo, la fuerza producida es mayor.

Las carretillas usan palancas para hacer más ligera la carga y más fácil de transportarla.

Los abrelatas y los subibajas también utilizan este principio.

Fulcro

Punto de esfuerzo

Carga

Punto de esfuerzo

Carga

Fulcro

Carga

En el antiguo Egipto se usaba el principio de la palanca para lograr un equilibrio.

Las tijeras tienen dos palancas, que se cruzan para producir una fuerza.

Todas las palancas tienen el mismo principio.

Punto de esfuerzo

Fulcro

Carga

Carga

Punto de esfuerzo

Carga

Fulcro

Fulcro

Punto de esfuerzo

¡Salvemos al hipopótamo!

¡Oh, un enorme hipopótamo cayó en el el río!
Está enfermo y no va a poder nadar. ¡Se va a ahogar!
¿Cómo podremos salvarlo?

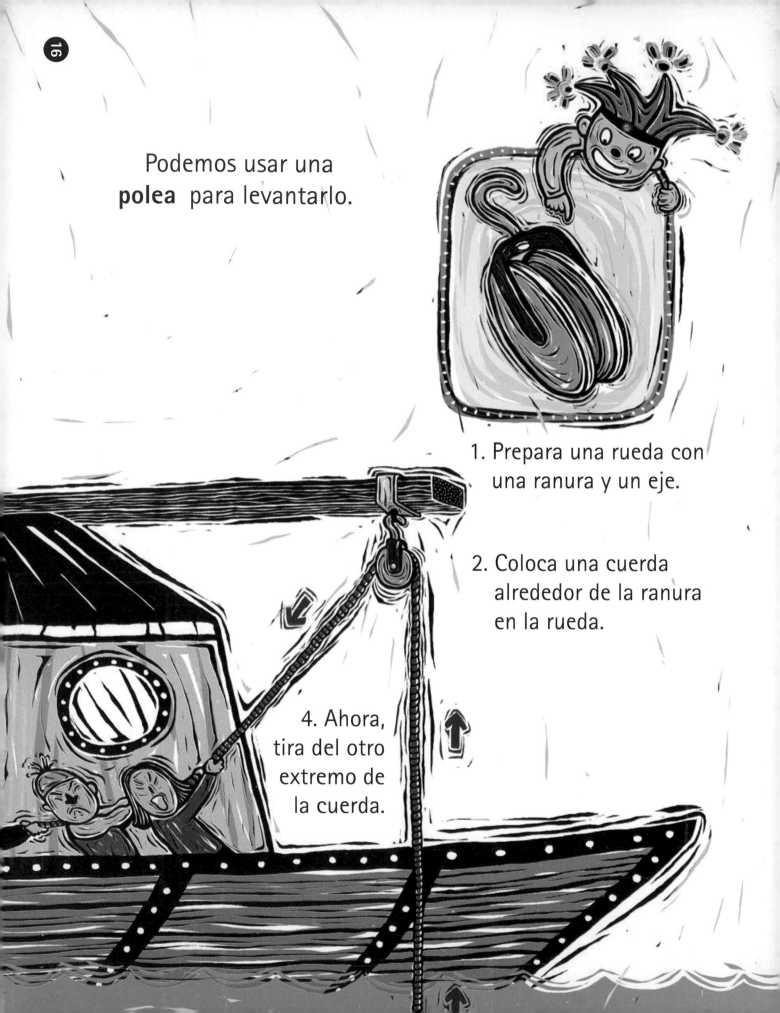

Podemos usar una **polea** para levantarlo.

1. Prepara una rueda con una ranura y un eje.

2. Coloca una cuerda alrededor de la ranura en la rueda.

4. Ahora, tira del otro extremo de la cuerda.

3. Ata un extremo de la cuerda alrededor del cuerpo del hipopótamo.

¡Mira cómo levantas al hipopótamo!

Las poleas son máquinas que levantan o mueven objetos. Hay dos tipos de polea. Las que aligeran la carga y las que cambian la dirección del esfuerzo.

Principios de la polea:

Las poleas que no se mueven se llaman *poleas fijas* y las poleas que se mueven se llaman *poleas móviles*. Las poleas fijas no disminuyen la cantidad de fuerza o de esfuerzo necesario, pero cambian la dirección del esfuerzo. La distancia que recorre el objeto es igual a la longitud de la cuerda que jalas. Sin embargo, ¡las poleas móviles pueden duplicar la cantidad de fuerza! Así, la distancia que recorre el objeto es igual a la mitad de la longitud de la cuerda jalada.

Los ascensores usan grandes poleas para alzar cargas pesadas.

En la antigüedad se usaba una cubeta atada a una polea para extraer agua de un pozo. Estas cubetas utilizaban sistemas de poleas fijas, que cambiaban la dirección de la fuerza.

Pueden producirse fuerzas aún mayores cuando se usan al mismo tiempo una polea que cambia la dirección y una polea que aumenta la fuerza.

Las grúas usan grandes poleas para alzar cargas pesadas.

¡Construyamos una pirámide!

Las pirámides son las enormes tumbas de los reyes del antiguo Egipto. Hay pirámides hasta de 45 pisos, construidas con 2 millones de piedras aproximadamente, ¡cada una pesa 2.5 toneladas! ¿No es fascinante?

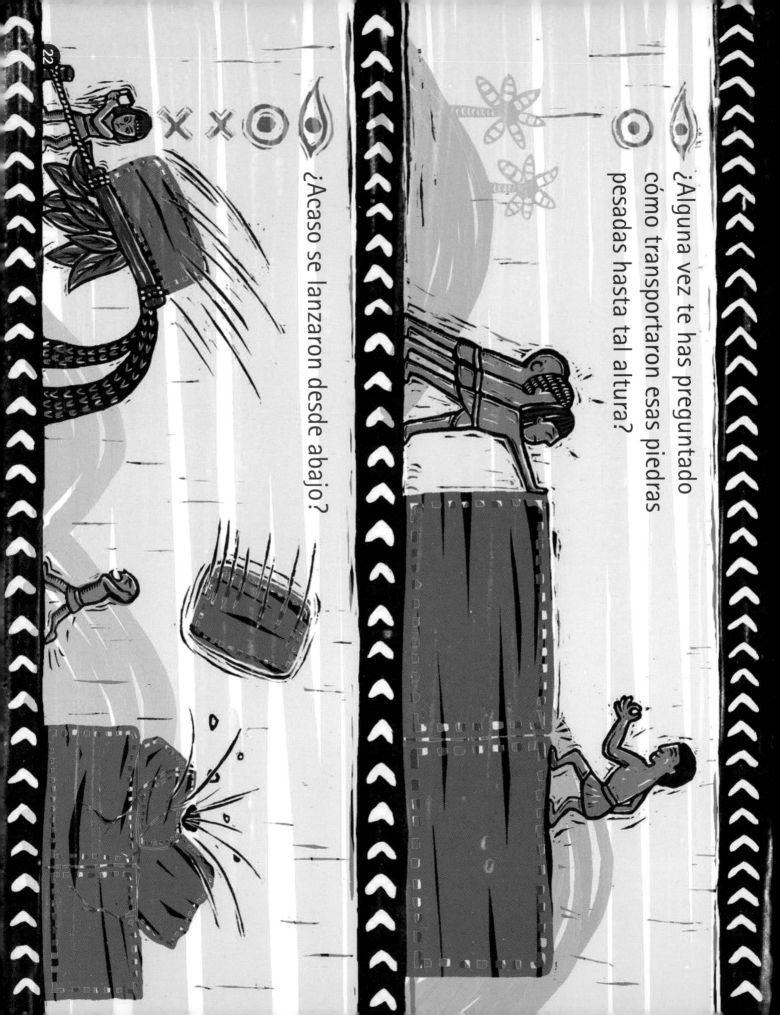

¿Alguna vez te has preguntado cómo transportaron esas piedras pesadas hasta tal altura?

¿Acaso se lanzaron desde abajo?

¿Acaso usaron una cuerda
para jalar de las piedras e
irlas poniendo en su lugar?

¿O la gente simplemente las cargó?
Lo dudo....

¡Ah, ya sé!

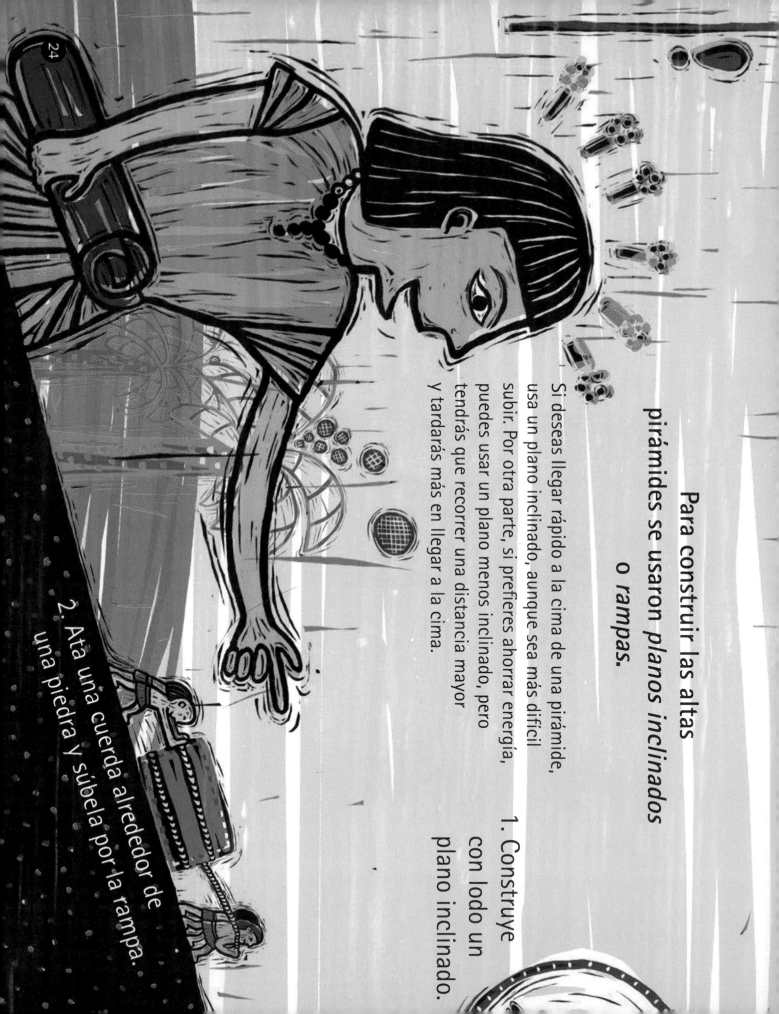

Para construir las altas pirámides se usaron *planos inclinados* o *rampas*.

Si deseas llegar rápido a la cima de una pirámide, usa un plano inclinado, aunque sea más difícil subir. Por otra parte, si prefieres ahorrar energía, puedes usar un plano menos inclinado, pero tendrás que recorrer una distancia mayor y tardarás más en llegar a la cima.

1. Construye con lodo un plano inclinado.

2. Ata una cuerda alrededor de una piedra y súbela por la rampa.

¿Cómo funciona? Con una rampa se puede subir fácilmente una piedra grande.

Los planos inclinados ayudan en la tarea de levantar un objeto y los planos rectos la facilitan aún más.

Principios del plano inclinado:

Los planos inclinados son superficies colocadas en ángulo agudo con la horizontal. Es muy fácil subir colinas escarpadas y resulta mucho más fácil escalar pendientes graduales.

Hay otra forma de cambiar el grado de esfuerzo necesario para mover objetos. Pero, si se quiere hacer menos esfuerzo, se debe recorrer una distancia más grande.

Los grifos tienen tornillos que usan el principio del plano inclinado.

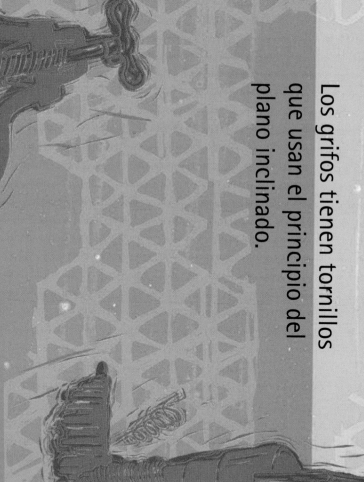

Los tornillos tienen planos inclinados. Si los haces girar, cada tornillo entra con facilidad en el objeto y no necesitas clavarlo a punta de golpes.

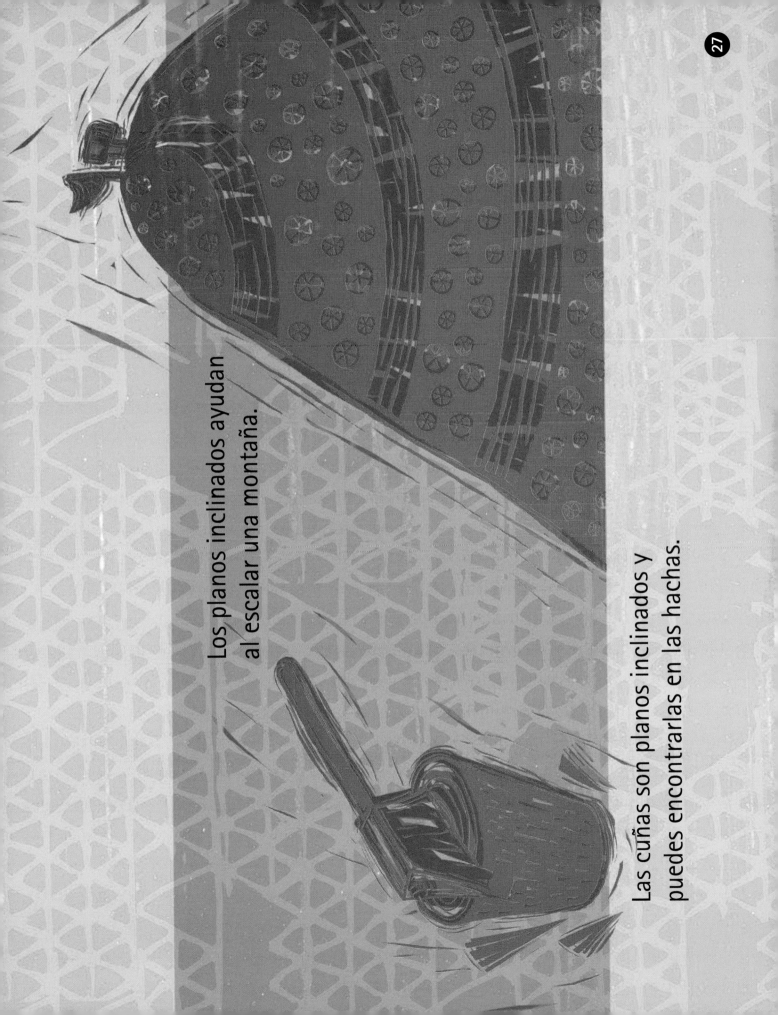

Los planos inclinados ayudan al escalar una montaña.

Las cuñas son planos inclinados y puedes encontrarlas en las hachas.

Cómo mover una estatua

¿Cómo movemos esta estatua gigante hasta la fortaleza?

Si usamos ruedas, podremos mover la estatua con facilidad.

2. Pon ruedas a cada lado de la tabla.

¿Viste? ¡La estatua se movió!

1. Busca una tabla grande y coloca la estatua encima.

3. ¡Levanta! ¡Alza! ¡Jala!

La rueda es un invento extraordinario. Con las ruedas puedes mover objetos con rapidez, y a grandes distancias.

Principios de la rueda:

La fricción es la causa de que se dificulte mover objetos. Incluso, si pones sobre una superficie áspera esos mismos objetos que se deslizan en superficies lisas, no se moverán.

Hay más fricción entre los objetos y una superficie áspera, que en una superficie lisa. Sin embargo, las ruedas reducen mucho esta fricción y nos permiten mover con facilidad cargas pesadas.

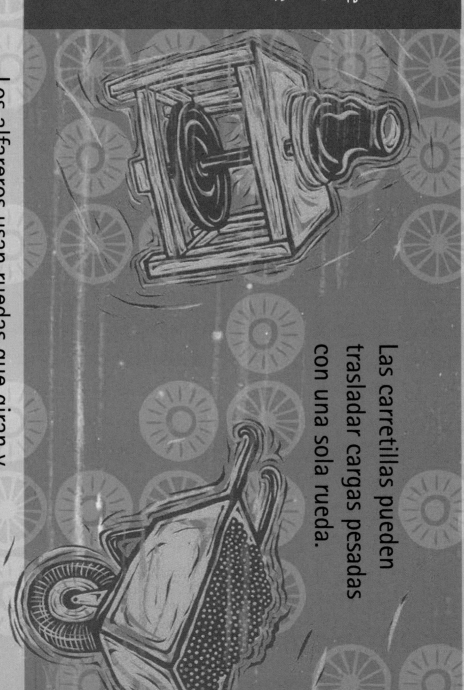

Las carretillas pueden trasladar cargas pesadas con una sola rueda.

Los alfareros usan ruedas que giran y giran para moldear hermosas vasijas.

Las bicicletas y los autos tienen ruedas que les permiten moverse a gran velocidad.

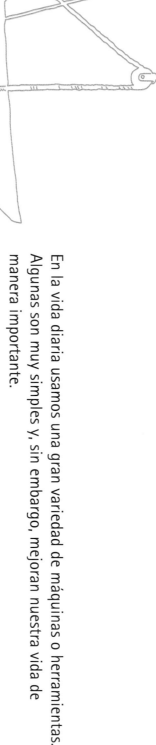

Ciencia Básica

Nota del profesor
Construyamos una pirámide Las máquinas simples

Young-Jik Gwak (Universidad de Soo-Won, Facultad de Física)

En la vida diaria usamos una gran variedad de máquinas o herramientas. Algunas son muy simples y, sin embargo, mejoran nuestra vida de manera importante.

¿Qué herramientas has utilizado? Comprender cómo funcionan las herramientas puede ser divertido y educativo a la vez.

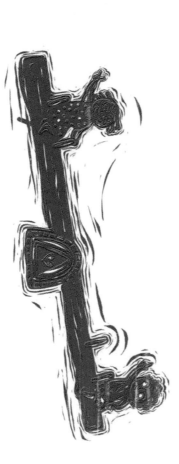

En general, las herramientas que usamos están relacionadas con la fuerza. La cantidad de fuerza que se necesita para hacer algo puede ser controlada por una variedad diferente de equipos. Un aparato que convierte una fuerza pequeña en una grande es la *palanca*.

El principio de la palanca lo descubrió Arquímedes, en la antigua Grecia. Arquímedes inventó muchas máquinas que usan el principio de la palanca. También dijo que ¡hasta la Tierra se podría mover si tuviéramos una palanca lo suficientemente grande! Tenemos a la mano herramientas que usan el principio de la palanca, como abridores de latas y carretillas.

Las *poleas* pueden cambiar la dirección de la fuerza o convertir una fuerza menor en una fuerza mayor. Las *poleas fijas* pueden cambiar la dirección de la fuerza. Por ejemplo, usando una polea fija puedes jalar hacia abajo para levantar un objeto. O puedes jalar hacia ti para mover el objeto en la otra dirección (alejarlo). En cualquier caso, la cantidad de fuerza no se aumenta. Las *poleas móviles* sí pueden duplicar la cantidad de fuerza aplicada. Necesitarás jalar con menos fuerza para hacer el mismo trabajo o para mover un objeto a una mayor distancia. Las poleas móviles se usan para muchas tareas distintas y la cantidad de fuerza producida puede controlarse.

Un *plano inclinado* es también un método amplificador. Se necesita energía para escalar colinas escarpadas y se requiere menos para subir colinas más bajas. Un ejemplo sería una rampa para escalar una montaña escarpada.

Las *ruedas* son aparatos que reducen el esfuerzo que se necesita para mover algo porque se disminuye la fricción en la superficie. La fricción es una fuerza entre el objeto y la superficie en contacto con el objeto, que impide o dificulta el movimiento. La fricción entre una rueda que gira y una superficie es mucho menor que la fricción entre dos tipos de superficies que se rozan. Asimismo, al emplear una diversidad de ruedas se puede usar una fuerza menor para mover objetos grandes. Por esto se considera a la rueda como uno de los inventos más sorprendentes en la historia de la humanidad. Gracias a que existe la rueda se pudieron fabricar carruajes, autos y trenes, y también pueden usarse para otros propósitos.

Las herramientas y las máquinas son aparatos indispensables en nuestra vida diaria. Si observas con atención las herramientas que usas, comprenderás mejor cómo funcionan estas máquinas maravillosas y aprenderás a manejarlas de manera más adecuada.

La autora, **Hee-Ju Lee**, recibió una maestría en Física en la Universidad Femenina Ewha. Trabaja en una editorial desde hace tiempo y ha planificado y editado la serie *Knock Knock*, libros de ciencia en imágenes. Se dedica a editar y escribir libros infantiles.

La ilustradora, **Eun-Hui Kim**, estudió Diseño Industrial en la Universidad Femenina Sung Shin. Aprendió y se documentó sobre el mundo de los libros ilustrados en la Escuela de Ilustración Hankyoreh. Entre los textos ilustrados por ella se encuentran: *The Golden Bead, I Live in My Blessings* y *The Magic Wind that Changes the Weather.*

loqueleo

Construyamos una pirámide: las máquinas simples | ISBN: 978-1-64101-213-3

Título original: *Build a Pyramid* | D.R. © Yeowon Media, 2007 | De la primera edición en español: D.R. © Santillana Ediciones Generales, S.A. de C.V., 2007, Av. Universidad 767, Col. Del Valle, México, D.F. | Coordinación editorial: Gerardo Mendiola | Traducción y formación: Alquimia Ediciones, S.A. de C.V. | Cuidado de la edición: William Dietzel y Gerardo Mendiola

De esta edición: D.R. © Santillana USA Publishing Company, Inc., 2018.
2023 NW 84th Ave., Doral, FL 33122

Published in The United States of America
Printed in Mexico by Editorial Impresora Apolo S.A.
22 21 20 19 18   1 2 3 4 5 6 7 8 9
www.santillanausa.com

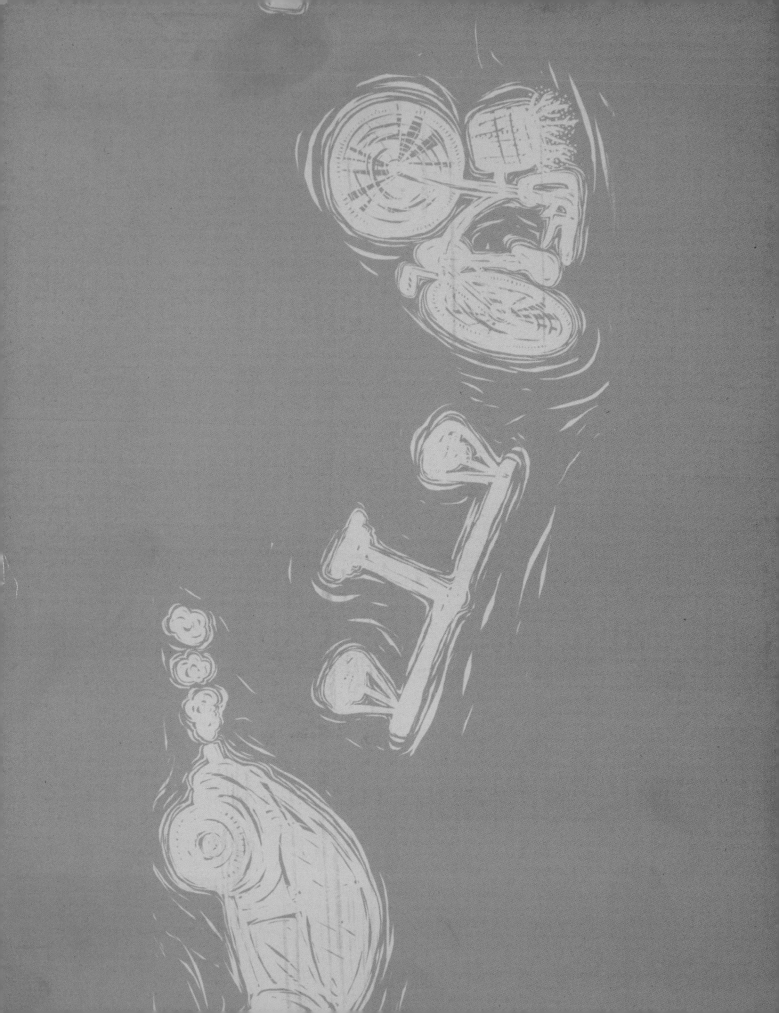